VENTE DU LUNDI 7 MAI 1888

HOTEL DROUOT, SALLE N° 8

à deux heures.

TABLEAUX

ANCIENS ET MODERNES

AQUARELLES ET DESSINS

EXPOSITIONS

PARTICULIÈRE	PUBLIQUE
Le Samedi 5 Mai 1888	*Le Dimanche 6 Mai 1888*

De une heure à cinq heures.

COMMISSAIRE-PRISEUR	EXPERT
Me PAUL CHEVALLIER	**M. E. FÉRAL, peintre**
10, rue de la Grange-Batelière, 10	54, faubourg Montmartre, 54.

IMPRIMERIE D. DUMOULIN ET Cie
Rue des Grands-Augustins, 5, à Paris.

CATALOGUE
DE
TABLEAUX ANCIENS
PARMI LESQUELS
Une importante composition (grisaille) par F. BOUCHER
VUES DE PARIS PAR RAGUENET, DE MACHY ET AUTRES
TABLEAUX MODERNES
PAR
J. BAIL, BELLANGÉ, BERCHÈRE, BOUDIN, J.-L. BROWN
CHAIGNEAU, COROT, DE PENNE, V. DUPRÉ, GEFFROY, ISABEY
JACQUET, LAPOSTOLET MELLIN,
PENGUILLY, EUG. PETIT, PH. ROUSSEAU, ZIEM, ETC.,
ŒUVRES IMPORTANTES D'ALFRED DE DREUX
AQUARELLES ET DESSINS
DONT LA VENTE AURA LIEU
HOTEL DROUOT, SALLE N° 8
LE LUNDI 7 MAI 1888
A deux heures

COMMISSAIRE-PRISEUR	EXPERT
Me PAUL CHEVALLIER	M. E. FÉRAL, peintre
10, rue de la Grange-Batelière	Faubourg-Montmartre, 54

Chez lesquels se trouve le présent Catalogue.

EXPOSITIONS

PARTICULIÈRE	PUBLIQUE
Le Samedi 5 Mai 1888	*Le Dimanche 6 Mai 1888*

De 1 heure à 5 heures.

CONDITIONS DE LA VENTE

La vente sera faite au comptant.

Les acquéreurs payeront *cinq pour cent* en sus des enchères applicables aux frais

DÉSIGNATION

TABLEAUX ANCIENS

BERRÉ (attribué à)

1 — *Intérieur d'Étable.*

BERKHEYDEN

2 — *Vue de Paris, sous Louis XIV.*

La vue est prise du Pont-Neuf qui est animé par une multitude de personnages. — Au centre, la voiture du roi suivie de ses gardes à cheval; sur les côtés, les baraques des marchands.

Très curieux tableau, plein de mouvement. Les personnages touchés avec finesse et esprit.

BOILLY (attribué à Louis)

3 — *La Dame à la plume rouge.*

Cadre en bois sculpté.

BOL (Ferdinand, attribué à)

4 — *Portrait de jeune femme.*

Cadre en bois sculpté.

BOSSCHAERT

5 — *Fleurs dans un vase de cristal.*

BOUCHER (François)

6 — *Le Jugement de Pâris.*

Belle et importante peinture, en grisaille, d'une conservation parfaite, une des meilleures œuvres du maître.

BRAMER (Léonard)

7 — *Personnage en prière.*

CALLET

8 — *Offrande à Bacchus.*

CARESME

9 — *Pan et Syrinx.*

CASANOVA (attribué à)

10 — *Choc de Cavalerie.*

CHALLE

11 — *L'Amour et la Folie.*

Cadre en bois sculpté.

CHARPENTIER

12 — *La Ménagère.*

CLOUET (École de)

13 — *Portrait d'Homme.*

De MACHY

14 — *Ruines romaines avec personnages.*

De MACHY

15 — *Paris sous Louis XVI. — Vue prise du Pont-Neuf.*

Très intéressant tableau, signé en toutes lettres.

DUPLESSIS (attribué à)

16 — *Portrait de Louis XVI.*

Etude.
Cadre ovale, en bois sculpté.

GOYA

17 — *L'Enfer des Girondins.*

GOYA

18 — *Mendiants espagnols.*

Pochade.

GRANET

19 — *Intérieur de Cuisine.*

GUARDI (attribué à)

20 — *Vue de Venise.*

Cadre en bois sculpté.

HALS (attribué à F.)

21 — *Portrait d'Homme.*

En buste, vêtement noir et col rabattu.

HUBERT-ROBERT

22 — *Paysage avec rochers.*

Sur la droite, une grotte d'où s'échappe un torrent.

Charmant petit tableau, d'une exécution fine et spirituelle.

HUBERT-ROBERT

23 — *La grotte.*

HUBERT-ROBERT (attribué à)

24 — *L'Arc de Constantin.*

Cadre en bois sculpté.

HUET (J.-B.)

25 — *Petit berger jouant de la cornemuse.*

JEAURAT (Etienne)

26 — *Les recrues.*

LAGRENÉE

27 — *Sujet historique.*

Cadre en bois sculpté.

LEPRINCE

28 — *Scène du Coran.*

MALLET

29 — *Le lever.*

Gracieux petit tableau.

MARTIN

30 — *Maurice de Saxe victorieux, acclamé par ses troupes.*

Cadre en bois sculpté.

METZU (genre de)

31 — *La ménagère hollandaise.*

Cadre en bois sculpté.

MONANTEUIL

32 — *Petite paysanne, en buste.*

Signé et daté 1827.
Cadre en bois sculpté.

*

OUDRY (attribué à J.-B.)

33 — *Chasse à la Panthère.*

Signé et daté J.-B. Oudry 1741.
Cadre en bois sculpté.

PIAZZETTA (J.-B.)

34 — *Une comédienne.*

PORBUS le jeune (attribué à)

35 — *Portrait présumé de Louis XIII enfant.*

RAGUENET (XVIIIe siècle)

36 — *Les joutes du Pont au Change.*

Les jouteurs montés dans des bateaux marchent dans toutes les directions; une femme, debout sur la pointe de l'un d'eux, est de la partie.

Les fenêtres des maisons élevées sur le pont sont envahies par une multitude de spectateurs.

Très curieux tableau, provenant de la collection Jules Burat.

RAOUX

37 — *La Dame à la collerette.*

RAOUX

38 — *Un Page.*

SAUVAGE

39 — *Des Amours.*

Dessus de porte en grisaille.
Cadre en bois sculpté.

SCHIAVONE (ANDREA)

40 — *Atalante et Hippomène.*

Bon et curieux tableau, d'une couleur chaude et dorée.

SPAENDONCK (GÉRARD VAN)

41 — *Amours tenant un candélabre.*

Grisaille.

SWEBACH (Ed.)

42 — *La duchesse d'Angoulême, chassant aux environs de Compiègne.*

Signé du monogramme.
Fin et charmant tableau.

SWEBACH (Ed.)

43 — *Chasse au cerf.*

Fin et bon tableau.
Signé en toutes lettres.

TAUNAY

44 — *Le chien blessé.*

TENIERS (d'après D.)

45 — *Danseurs et buveurs devant un cabaret.*

TENIERS (d'après D.)

46 — *Le Fou.*

TIEPOLO (attribué à Domenico)

47 — *L'Adoration des mages.*

Esquisse pour un plafond.

TRINQUESSE (d'après)

48 — *Le serment d'amour.*

Toile ovale.

VALLIN

49 — *Diane, vue à mi-corps.*

VAN DRILLENBURG (W.)

50 — *Paysage et animaux.*

VOLÈRE (le chevalier)

51 — *Un incendie au bord d'une rivière.*

VÉRONÈSE (Alexandre)

52 — *Bethsabée au bain.*

La jeune femme est assise; une négresse s'occupe de sa toilette. Vers le fond, on aperçoit le roi David.

ZUCCHERO (Thadée)

53 — *Tête de vieillard.*

Cadre en bois sculpté.

ÉCOLE FRANÇAISE

54 — *Portrait présumé de la comtesse de Beaumont.*

Cadre en bois sculpté.

ÉCOLE FRANÇAISE

55 — *La Tentation.*

Tableau décoratif.

ÉCOLE GÉNOISE

56 — *Portrait présumé de Marie-Thérèse d'Autriche, en riche costume.*

La couronne impériale posée près d'elle.
Cadre ovale, en bois sculpté, surmonté d'attributs.

TABLEAUX MODERNES

ANTIGNA

57 — *Tête de jeune fille italienne.*

BAIL (JOSEPH)

58 — *Les Deux sœurs.*

Elles sont dans un bois appuyées contre le tronc noueux d'un vieux chêne, l'une tenant une ombrelle rouge pour s'abriter du soleil.

BAIL (JOSEPH)

59 — *Objets divers.*

Une cafetière en porcelaine du Japon, un plat en cuivre repoussé, une rose dans un carafon de cristal, etc.

BAIL (JOSEPH)

60 — *Des huîtres, un citron entamé, un pot en terre vernie, etc.*

BELLANGÉ (Hip.)

61 — *Porte-drapeau.*

BÉROUD (Louis)

62 — *La Place et l'Église de la Trinité, à Paris.*

BERCHÈRE

63 — *Femme arabe.*

BERCHÈRE

64 — *Village sur le Nil (Basse Égypte).*

BERCHÈRE

65 — *Allée de Choubrah (au Caire).*

BERCHÈRE

66 — *Étude de paysage (au Caire).*

BERGERET (D.)

67 — *Prunes.*

BOUDIN

68 — *Canal en Hollande.*

BOUDIN

69 — *Une rue, à Amsterdam.*

BOUDIN

70 — *La Toucque, à Trouville.*

BROWN (John Lewis)

71 — *Le Sauteur.*

BROWN (John Lewis)

72 — *Au Manège.*

CHAIGNEAU (Ferdinand)

73 — *Les Gorges d'Apremont.*

Le ciel est orageux; le soleil, perçant les nuages, éclaire vivement un troupeau de moutons paissant sous la garde d'un berger.

CHAIGNEAU (F.)

74 — *Environs de Fontainebleau.*

CHAIGNEAU (F.)

75 — *Troupeau dans la plaine de Barbizon.*

CHAIGNEAU (Ferdinand)

76 — *Brebis et son agneau.*

Dans le fond, quelques moutons paissent sous la garde d'une bergère.

COROT

77 — *Paysage.*

Provient de la vente après décès de l'artiste.

CORTAZZO

78 — *Le Modèle.*

COTTIN

79 — *Le Poulailler.*

COURBET (G.)

80 — *L'Intérieur du forgeron.*

DANSAERT

81 — *Le Seigneur et la Paysanne.*

DECAMPS (attribué à)

82 — *Canards surpris.*

DE DREUX (ALFRED)

83 — *Alexander, cheval d'attelage bai-brun.*

DE DREUX (Alfred)

84 — *Bounty, cheval d'attelage gris pommelé.*

Ces deux chevaux ont été exécutés d'après nature, par l'artiste, chez M. Eug. Godot qui en était propriétaire.

DE DREUX (Alfred)

85 — *Combat de chevaux.*

DE DREUX (Alfred)

86 — *L'Amazone.*

DE DREUX (Alfred)

87 — *Cheval au pâturage.*

DELAUNAY

88 — *Artilleur et son cheval.*

Étude.

DE PENNE

89 — *Chiens d'arrêt et gibier.*

Charmant tableau.

DUPRÉ (Victor)

90 — *Deux Paysages formant pendants.*

FLAMENG (François)

91 — *Jeune Femme lisant.*

GARRIDO

92 — *Jeune Mère et ses enfants.*

GARRIDO

93 — *La Marchande de fleurs.*

Esquisse.

GEFFROY

(L'ARTISTE DE LA COMÉDIE-FRANÇAISE)

94 — *Le Foyer de la Comédie-Française, en* 1851, *sous la direction de M. A. Houssaye.*

Au centre, Mlle Mars; Firmin, Menjaud, Ligier, Monrose; MMmes Anaïs, Plessis, Brohan, Rachel, Noblet, Fix, etc., etc.

Provient de la vente Jules Janin.

GIRARDET (J.)

95 — *Calvaire, en Normandie.*

GUILLEMET

96 — *Les Falaises, près Fécamp.*

HEYRAULD (L.)

97 — *Amazone sur un cheval alezan.*

ISABEY (Eug.)

98 — *Vue de Dieppe, prise du vieux château.*
Vente Eug. Isabey.

ISABEY (Eug.)

99 — *La Falaise, à Puys, près Dieppe.*
Vente Eug. Isabey.

ISABEY (Eug.)

100 — *Combat naval.*
Importante esquisse.
Vente Eug. Isabey.

JACQUET

101 — *Tête de jeune femme.*

Étude d'après nature.

JEANRON

102 — *Pêcheur au falot.*

LAMBERT (Eug.)

103 — *Melon, fruits et des fleurs sur une table.*

LAPOSTOLET

104 — *Vue des bords de la Seine, à Rouen.*

LAROCHENOIRE (de)

105 — *Taureau au pâturage.*

LEMMENS

106 — *Paysage.*

Des femmes lavent du linge dans un cours d'eau.

LEPOITEVIN

107 — *Bacchantes.*

Provient de la vente de l'artiste.

MÉLIN

108 — *Tête d'hyène.*

Étude provenant de la vente Mélin.

MÉLIN

109 — *Les Deux bouledogues.*

PALIZZI

110 — *Le Retour du marché, par un temps de neige.*

PÉCRUS

111 — *Sancho et Dulcinée.*

PÉCRUS

112 — *La Leçon de lecture.*

PENGUILLY (O.)

113 — *Protée gardant les troupeaux de Neptune.*

Provient de la collection de l'Impératrice Eugénie.

PETIT (Eugène)

114 — *Pêches, melon entamé et raisins, dans un plat en faïence.*

Un des meilleurs tableaux de l'artiste.

PETIT (Eugène)

115 — *Bouquet de Lilas.*

PETIT (Eugène)

116 — *Le Bouquet de roses.*

PETIT (Eugène)

117 — *La Grappe de raisins.*

PETIT (Eugène)

118 — *Le Panier de pêches.*

PETIT (Eugène)

119 — *Les Pivoines.*

PLASSAN

120 — *Jeune femme prenant le thé.*

RAMIREZ (M.)

121 — *Paysage. — Environs de Séville.*

ROBB

122 — *Vaches dans un pâturage.*

ROLL

123 — *Tête de jeune femme.*

Cadre en bois sculpté.

ROQUEPLAN (Camille) ?

124 — *La Dame au chien.* S. Meyer 40/8

Esquisse.

ROSSI

125 — *Le Musicien espagnol.* 40/17

ROUSSEAU (Philippe)

126 — *Chrysanthèmes.* 300/160

ROUSSEAU (Philippe)

127 — *Objets divers, sur une table recouverte d'un riche tapis.* 200/76

ROUSSEAU (Philippe)

128 — *Le Singe et la Tortue.* 600/200

ROUSSEAU (Philippe)

129 — *Le Paon.*

Petite étude.

ROYBET

130 — *Le Nègre.*

Étude.

SEIGNEURGENS

131 — *Le Convoi du pauvre.*

SEIGNEURGENS

132 — *La Malle-poste.*

VERBOECKOVEN (attribué à)

133 — *Taureau au pâturage.*

Belle étude.

VERNET (Horace, attribué à)

134 — *Portrait du duc d'Orléans.*

VEYRASSAT

135 — *Braconnier à l'affût.*

VEYRASSAT

136 — *Vue d'Asnières.*

VOLLON

137 — *Poissons et ustensiles pour préparer la bouillabaisse.*

Important tableau.

VOLLON

138 — *Coupe montée en bronze, et fleurs.*

VOLLON

139 — *Une théière, un plat avec des cerises, un calice, une coupe, etc.*

Sur une table, en partie couverte d'un tapis vert.

VUILLEFROY (de)

140 — *Jeune Femme en toilette de bal.*

WALKER

141 — *Powplin. — Cheval de courses au trot.*

YON (Edmond)

142 — *Les bords de l'Oise.*

ZIEM

143 — *Le Chemin de la forêt, à Barbizon.*

Soleil couchant.

AQUARELLES, DESSINS

DUPLESSIS-BERTAUX

144 — *Vue de Paris, sous Louis XVI.*

La vue est prise du Pont-Neuf et s'étend le long du quai de l'Horloge jusqu'au jardin des Tuileries. — Très curieux dessin, à la mine de plomb, d'une extrême finesse.

JACQUET

145 — *Une chasseresse sous Louis XV.*

Belle aquarelle.

MALLET

146 — *Scène tirée de l'*Esther *de Racine.*

Belle gouache. — Cadre en bois sculpté.

MALLET

147 — *La Toilette de l'enfant.*

Belle gouache.

ROUSSEAU (Ph.)

148 — *Chien griffon rapportant un lièvre.*

Aquarelle.

VERNET (Carle)

149 — *Les Prisonniers russes traversant les Champs-Élysées.*

Aquarelle ; a été gravée.

ÉCOLE FRANÇAISE

150 — *Feu d'artifice tiré sur la place de la Concorde. Vue des bords de la Seine.*

Aquarelle.

www.ingramcontent.com/pod-product-compliance
Ingram Content Group UK Ltd.
Pitfield, Milton Keynes, MK11 3LW, UK
UKHW021028260726
13994UKWH00005B/2010

9 782329 507569